Las estaciones

El verano

Siân Smith

Heinemann Library
Chicago, Illinois

Editorial: Rebecca Rissman, Charlotte Guillain, and Siân Smith
Picture research: Elizabeth Alexander and Sally Claxton
Designed by Joanna Hinton-Malivoire
Translation into Spanish by DoubleOPublishing Services
Printed and bound by Leo Paper Group

13 12 11 10
10 9 8 7 6 5 4 3 2

ISBN-13: 978-1-4329-3527-6 (hc)
ISBN-13: 978-1-4329-3532-0 (pb)

Library of Congress Cataloging-in-Publication Data

Smith, Siân.
  [Summer. Spanish]
  El verano / Siân Smith.
       p. cm. -- (Las estaciones)
  Includes index.
  ISBN 978-1-4329-3527-6 (hardcover) -- ISBN 978-1-4329-3532-0 (pbk.)
  1. Summer--Juvenile literature. I. Title.
  QB637.6.S6518 2009
  508.2--dc22
                                    2009010992

Acknowledgments
The author and publisher are grateful to the following for permission to reproduce copyright material:
©Alamy pp.**15** (Alex Segre), **19** (Arco Images GmbH), **14** (Blend Images), **13** (Bubbles Photolibrary), **18** (Image Source Black), **21** (Imagestate), **20** (Jon Arnold Images Ltd.), **12** (Jupiter Images/Thinkstock), **8** (Nick Baylis), **11, 23 bottom** (Romain Bayle), **9** (Simone van den Berg); ©Capstone Global Library Ltd. p.**16** (2005/Malcolm Harris); ©Corbis pp.**04 br** (Image100), **04 tl** (Zefa/Roman Flury); ©Digital Vision p.**17** (Rob van Petten); ©Getty Images pp.**10** (Ariel Skelley), **04 tr** (Floria Werner), **7** (IIC/ Axiom), **5** (Kazuo Ogawa/Sebun Photo); ©iStockphoto pp.**6, 23 top** (Bojan Tezak), **04 bl** (Inga Ivanova), **22** (Tatiana Grozetskaya).
Cover photograph of a meadow reproduced with permission of ©Shutterstock (Katerina Havelkova). Back cover photograph reproduced with permission of ©Digital Vision (Rob Van Patten).

Every effort has been made to contact copyright holders of any material reproduced in this book. Any omissions will be rectified in subsequent printings if notice is given to the publisher.

Contenido

¿Qué es el verano?

primavera

verano

otoño

invierno

Hay cuatro estaciones cada año.

4

El verano es una de
las cuatro estaciones.

¿Cuándo es el verano?

primavera

verano

invierno

otoño

Las cuatro estaciones siguen un patrón.

El verano sigue a la primavera.

El clima en el verano

Puede estar soleado en el verano.

Puede hacer calor en el verano.

¿Qué vemos en el verano?

Las personas llevan camisetas
en el verano.

Las personas llevan sandalias
en el verano.

Vemos a personas con sombreros
en el verano.

Vemos que las personas usan protección solar en el verano.

Vemos que las personas trabajan
en el jardín en el verano.

14

Vemos que las personas nadan
en el verano.

Vemos que las personas van a la playa en el verano.

Vemos que las personas van al parque
en el verano.

Vemos helados en el verano.

Vemos frutas en el verano.

Vemos flores en el verano.

Vemos abejas en el verano.

¿Cuál es la siguiente estación?

¿Qué estación viene después del verano?

22

Glosario ilustrado

 **patrón** que ocurre en el mismo orden

 **sandalia** tipo de zapato abierto

Índice

Nota a padres y maestros
Antes de leer
Comente las cuatro estaciones con los niños: primavera, verano, otoño, invierno. Pregunte a los niños por sus cumpleaños y que digan en qué estación caen.
Comente las diferentes actividades que hacen los niños en el verano. ¿Qué tipo de ropa llevan? ¿Comen comidas diferentes en el verano? ¿Prefieren el verano a cualquier otra estación?

Después de leer
Hagan flores de verano. Necesitarán papel de diferentes colores, tijeras, lápices/creyones, popotes y cinta adhesiva. Pida a los niños que elijan una hoja de papel de cualquier color para su flor. Pídales que tracen el contorno de la mano tantas veces como puedan en la hoja de papel. Luego, ayúdelos a recortar los dibujos de las manos. Junte las bases de las "manos" y péguelas al popote. Separe los pétalos (dedos), apartándolos del centro. Ayude a los niños a recortar papel verde y pegarlo al tallo (popote).

Juego de memoria. Coloque dibujos de cosas asociadas con el verano en una bandeja. Por ejemplo: sol, castillo de arena, fresas, gafas de sol, sombrero. Pida a los niños que observen los objetos por 20 segundos. Oculte los objetos de los niños y quite uno de los dibujos. Revele los objetos y pregunte qué objeto falta.